AF195053

Impressum
Verlag: BABADADA GmbH, Nedderfeld 112 , 22529 Hamburg
Geschäftsführer / Verlagsleitung: Harald Hof
Druck: Books on Demand GmbH, In de Tarpen 42, 22848 Norderstedt

Imprint
Publisher: BABADADA GmbH, Nedderfeld 112 , 22529 Hamburg, Germany
Managing Director / Publishing direction: Harald Hof
Print: Books on Demand GmbH, In de Tarpen 42, 22848 Norderstedt

colegio

مدرسه

aula
کلاس درس
dividir
تقسیم کردن
186/2
patio de escuela
pizarrón
تخته
maestro
معلم
papel
کاغذ
escribir
نوشتن
birome
خودکار
escritorio
میز تحریر
regla
خط کش
libro
کتاب
alumno
دانش آموز

mochila

کیف مدرسه

caja de lápices

جامدادی

lápiz

مداد

sacapuntas

تراش

goma (de borrar)

پاک کن

bloc de dibujo

دفتر رسم

dibujo

طراحی

pincel

قلم مو

caja de pinturas

جعبه ی آبرنگ

tijera

قیچی

pegamento

چسب

cuaderno de ejercicios

کتاب تمرین

tarea

تکلیف خانه

número

رقم

sumar

جمع کردن

restar

تفریق کردن

multiplicar

ضرب کردن

calcular

محاسبه کردن

letra

حرف الفبا

abecedario

الفبا

palabra

کلمه

texto

متن

leer

خواندن

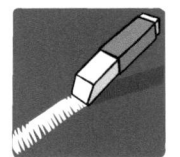

tiza

گچ

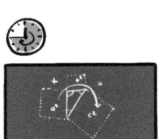

lección

درس

cuaderno de clase

ثبت نام

examen

امتحان

certificado

مدرک رسمی

uniforme escolar

لباس مدرسه

educación

تحصیلات

enciclopedia

دانشنامه

universidad

دانشگاه

microscopio

میکروسکوپ

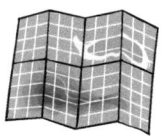

mapa

نقشه

tacho (de basura)

سبد کاغذ باطله

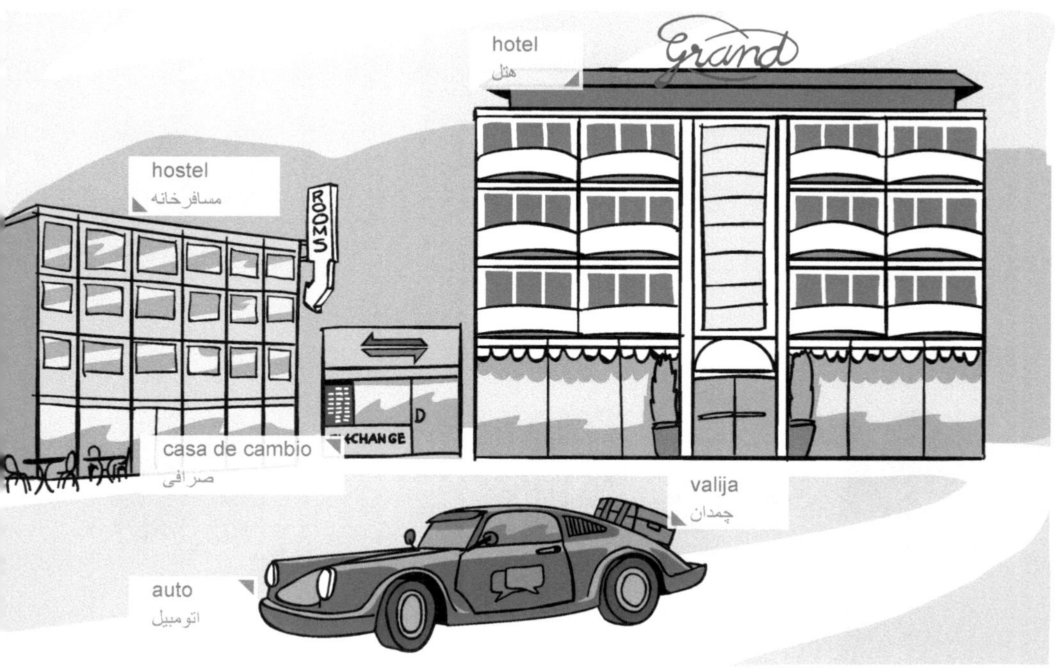

hotel
هتل
Grand
hostel
مسافرخانه
ROOMS
casa de cambio
صرافی
EXCHANGE
valija
چمدان
auto
اتومبیل

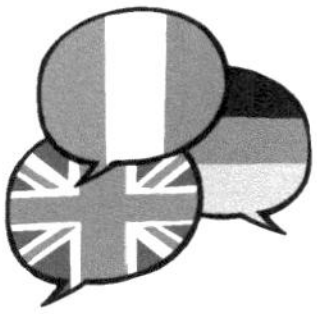

idioma

زبان

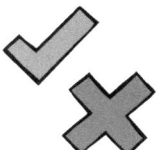

sí / no

بله / خیر

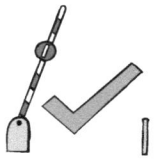

Está bien

اکی

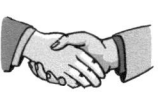

hola

سلام

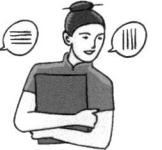

traductor

مترجم

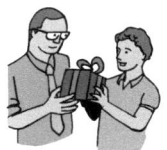

Gracias

ممنون

¿cuánto cuesta...?

قیمت ... چه قدر است؟

No entiendo

من متوجه نمی شوم

problema

مشکل

¡Buenas tardes!

عصر بخیر! / شب بخیر!

¡Buenos días!

صبح بخیر!

¡Buenas noches!

شب بخیر!

adiós

خدانگهدار

dirección

جهت

equipaje

بار سفر

bolso

کیف

mochila

کوله پشتی

invitado

مهمان

habitación

اتاق

bolsa de dormir

کیسه خواب

carpa

خیمه

información turística

مرکز راهنمای گردشگران

playa

ساحل

tarjeta de crédito

کارت اعتباری

desayuno

صبحانه

almuerzo

نهار

cena

شام

pasaje

بلیط

ascensor

آسانسور

sello

مهر

frontera

مرز

aduana

گمرک

embajada

سفارتخانه

visa

ویزا

pasaporte

گذرنامه

transporte

حمل و نقل

avión
هواپیما
barco
کشتی
autobomba
ماشین آتش نشانی
colectivo
اتوبوس
camión
کامیون
lancha a motor
قایق موتوری
bicicleta
دوچرخه
auto
اتومبیل

ferry
کشتی مسافربری

bote
قایق

moto
موتورسیکلت

patrullero
ماشین پلیس

auto de carreras
ماشین مسابقه

auto de alquiler
ماشین کرایه ای

alquiler de autos

به اشتراک گذاری اتوموبیل

grúa

جرثقیل

camión de basura

ماشین حمل زباله

motor

موتور

nafta

بنزین

estación de servicio

پمپ بنزین

señal de tránsito

تابلو راهنمایی و رانندگی

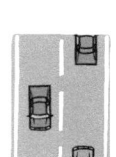

tránsito

عبور و مرور

embotellamiento

ترافیک

estacionamiento

پارکینگ

estación de tren

ایستگاه قطار

vías

ریل راه آهن

tren

قطار

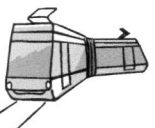

tranvía

قطار برقی

vagón

واگن

helicóptero

هلیکوپتر

aeropuerto

فرودگاه

torre

برج

pasajero

مسافر

contenedor

کانتینر

caja de cartón

کارتن

carretilla

گاری

canasta

سبد

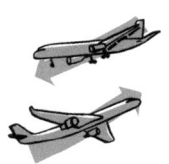

despegar / aterrizar

به پرواز درآمدن / فرود آمدن

ciudad

شهر

pueblo

دهکده

centro de ciudad

مرکز شهر

casa

خانه

cine
سینما

publicidad
تبلیغ

farol
چراغ خیابان

CINEMA

calle
خیابان

taxi
تاکسی

kiosco
دکه

peatón
عابر پیاده

vereda
پیاده رو

paso peatonal
خط کشی عابر پیاده

contenedor de basura
سطل آشغال بزرگ

cruce
چهارراه

semáforo
چراغ راهنما

cabaña

کلبه

departamento

آپارتمان

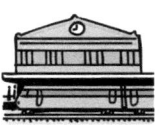

estación de tren

ایستگاه قطار

municipalidad

ساختمان شهرداری

museo

موزه

colegio

مدرسه

universidad

دانشگاه

banco

بانک

hospital

بیمارستان

hotel

هتل

farmacia

داروخانه

oficina

اداره

librería

کتابفروشی

negocio

مغازه

florería

گل فروشی

supermercado

سوپرمارکت

mercado

بازار

grandes tiendas

فروشگاه بزرگ

pescadería

ماهی فروش

centro comercial

مرکز خرید

puerto

بندر

parque

پارک

banco

نیمکت

puente

پل

escaleras

پله

subte

مترو

túnel

تونل

parada del colectivo

ایستگاه اتوبوس

bar

میخانه

restaurante

رستوران

buzón

صندوق پست

letrero

تابلوی خیابان

parquímetro

دستگاه پارکومتر

zoológico

باغ وحش

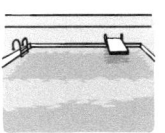

pileta

استخر شنای عمومی

mezquita

مسجد

granja

مزرعه

contaminación

آلودگی محیط زیست

cementerio

قبرستان

iglesia

کلیسا

juegos infantiles

زمین بازی

templo

معبد

paisaje

چشم انداز

hoja
برگ

poste indicador
تابلوی راهنمای مسیر

camino
راه

pradera
چمنزار

piedra
سنگ

árbol
درخت

excursionista
راه نورد

río
رودخانه

hierba
چمن

flor
گل

valle

دره

montaña

تپه

lago

دریاچه

bosque

جنگل

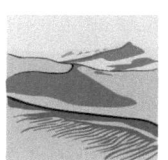

desierto

بیابان

volcán

کوه آتشفشان

castillo

قلعه

arco iris

رنگین کمان

champiñón

قارچ

palmera

درخت نخل

mosquito

پشه

mosca

مگس

hormiga

مورچه

abeja

زنبور

araña

عنکبوت

escarabajo

سوسک

rana

قورباغه

ardilla

سنجاب

erizo

جوجه تیغی

liebre

خرگوش صحرایی

lechuza

جغد

pájaro

پرنده

cisne

قو

jabalí

گراز

ciervo

گوزن نر

alce

گوزن شمالی

presa

سد آب

aerogenerador

توربین بادی

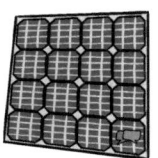

panel solar

صفحه ی خورشیدی

clima

آب و هوا

restaurante

رستوران

menú
منوی غذا
silla
صندلی
sopa
سوپ
pizza
پیتزا
cubiertos
سرویس کارد و قاشق و چنگال
mantel
رومیزی

entrada

پیش‌غذا

plato principal

غذای اصلی

postre

دسر

bebidas

نوشیدنی ها

comida

غذا

botella

بطری

comida rápida

فست فود

comida callejera

اغذیه خیابانی

tetera

قوری

azucarera

قندان

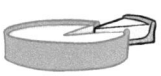

porción

پُرس غذا

cafetera expreso

دستگاه اسپرسو

sillita alta

صندلی پایه بلند غذاخوری بچه

cuenta

صورتحساب

bandeja

سینی

cuchillo

چاقو

tenedor

چنگال

cuchara

قاشق

cucharita

قاشق چایخوری

servilleta

دستمال سفره

vaso

لیوان

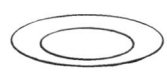

plato

بشقاب

plato hondo

بشقاب سوپخوری

plato

نعلبکی

salsa

سس

salero

نمکدان

molinillo de pimienta

فلفل ساب

vinagre

سرکه

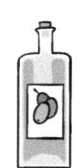

aceite

روغن خوراکی

especias

ادویه جات

kétchup

سس کچاپ

mostaza

سس خردل

mayonesa

سس مایونز

supermercado

سوپرمارکت

oferta especial
پیشنهاد ویژه
cliente
مشتری
lácteos
لبنیات
fruta
میوه جات
changuito
چرخ دستی خرید

carnicería

قصابی

panadería

نانوایی

pesar

وزن کردن

verduras

سبزیجات

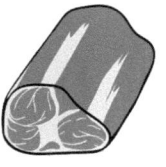

carne

گوشت

alimentos congelados

غذای منجمد

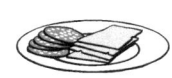

fiambres

مخلوطی از انواع کالباس یا پنیر که
ورقه ای بریده شده باشند

alimentos enlatados

غذای کنسروی

detergente en polvo

پودر لباسشویی

golosinas

شیرینی جات

electrodomésticos

لوازم خانگی

productos de limpieza

ماده شوینده و پاک کننده

vendedora

فروشنده

caja

صندوق پرداخت

cajero

صندوقدار

lista de compras

لیست خرید

horario de atención

ساعات کار

billetera

کیف پول

tarjeta de crédito

کارت اعتباری

cartera

کیف

bolsa de plástico

کیسه ی پلاستیکی

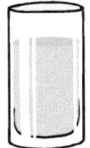

bebidas
نوشیدنی ها

agua

آب

jugo

آبمیوه

leche

شیر

bebida cola

نوشابه کوکاکولا

vino

شراب

cerveza

آبجو

alcohol

الکل

cacao

کاکائو

té

چای

café

قهوه

café expreso

قهوه اسپرسو

cappuccino

کاپوچینو

banana

موز

manzana

سیب

naranja

پرتقال

melón

انواع هندوانه و خربزه

limón

لیمو

zanahoria

هویج

ajo

سیر

bambú

نی بامبو

cebolla

پیاز

champiñón

قارچ

nueces

آجیل

fideos

ماکارونی

tallarines

اسپاگتی

arroz

برنج

ensalada

سالاد

papas fritas

سیب زمینی سرخ کرده

papas fritas

سیب زمینی سرخ شده

pizza

پیتزا

hamburguesa

همبرگر

sándwich

ساندویچ

churrasco

شنیتسل

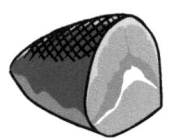

jamón

ژامبون خوک

salame

سالامی

salchicha

سوسیس

pollo

مرغ

asado

نوعی گوشت سرخ شده

pescado

ماهی

copos de avena

جوی پرک شده

muesli

نوعی صبحانه مخلوطی از برگه ذرت و
میوه های خشک شده و خشکبار که
معمولا با شیر خورده می شود

copos de maíz

کورنفلکس

harina

آرد

medialuna

کرواسان

pancito

نان بروتشن

pan

نان

tostada

نان تست

galletitas

بیسکویت

manteca

کره

cuajada

کشک

torta

کیک

huevo

تخم مرغ

huevo frito

تخم مرغ نیمرو

queso

پنیر

helado

بستنی

azúcar

شکر

miel

عسل

mermelada

مربا

pasta de chocolate

کرم شکلاتی بادامی

curry

ادویه کاری

granja
خانه ی مزرعه داران

granero
انبار غله

fardo de paja
خرمن‌کاه

campo
مزرعه

caballo
اسب

remolque
ماشین یدک کش

potrillo
کره اسب

tractor
تراکتور

burro
خر

oveja
گوسفند

cordero
بره

cabra
....
بز

vaca
....
گاو ماده

ternero
....
گوساله

cerdo
....
خوک

lechón
....
بچه خوک

toro
....
گاو نر

ganso

غاز

pato

اردک

pollo

جوجه

gallina

مرغ

gallo

خروس

rata

موش صحرايی

gato

گربه

ratón

موش

buey

گاو نر اخته

perro

سگ

cucha

لانه ی سگ

manguera

شلنگ باغبانی

regadera

آبپاش

guadaña

داس دسته بلند

arado

گاوآهن

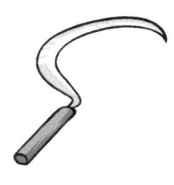

hoz

داس

azada

کج بیل

horquilla

چنگک باغبانی

hacha

تبر

carretilla

فرقون

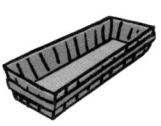

abrevadero

آبشخور

lechera

بطری نگهداری شیر

bolsa

کیسه

reja

حصار

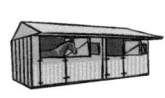

establo

اصطبل

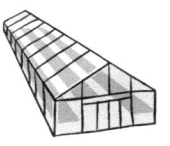

invernadero

گلخانه

suelo

خاک

semilla

بذر

fertilizador

کود

cosechadora

ماشین کمباین

cosechar

برداشت کردن محصول

cosecha

محصول

batatas

تمیس

trigo

گندم

soja

سویا

papa

سیب زمینی

maíz

ذرت

semilla de colza

کلزا

árbol frutal

درخت میوه

mandioca

گیاه مانیوک

cereales

غلات

casa
خانه

chimenea
دودکش
techo
پشت بام
caño de desagüe
ناودان
ventana
پنجره
garaje
گاراژ
timbre
زنگ در
puerta
در
tacho de basura
سطل آشغال
buzón
صندوق مراسلات
jardín
باغ

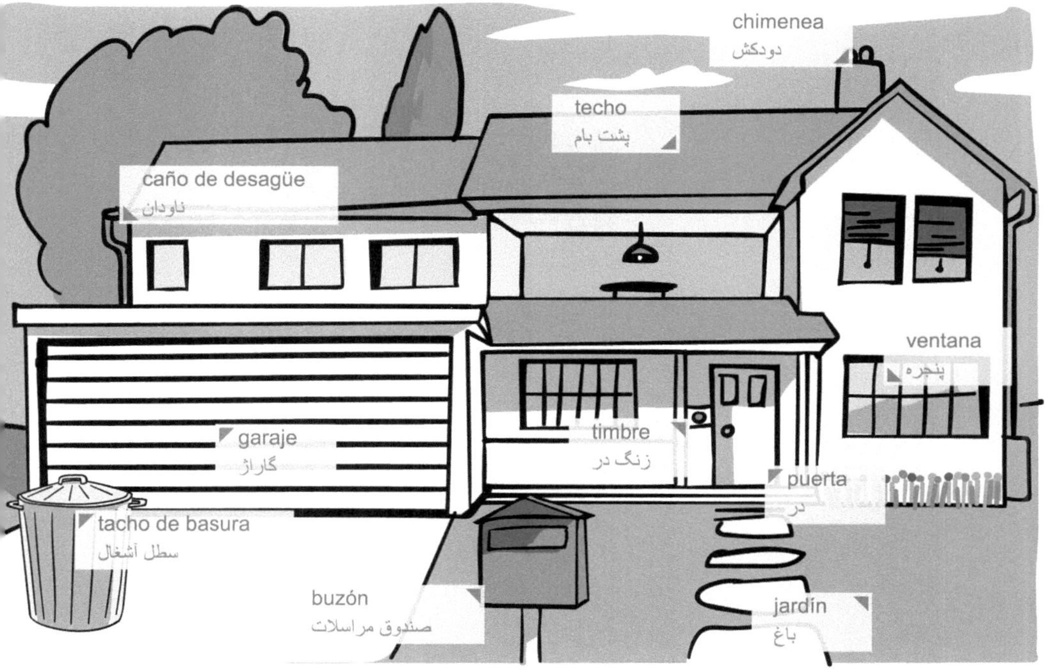

living

اتاق نشیمن

baño

حمام

cocina

آشپزخانه

dormitorio

اتاق خواب

cuarto de los chicos

اتاق بچه

comedor

ناهارخوری

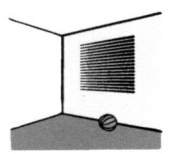

piso

کف زمین

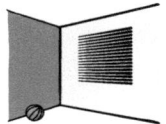

pared

دیوار

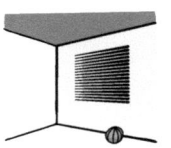

cielorraso

سقف

sótano

زیرزمین

sauna

سونا

balcón

بالکن

terraza

تراس

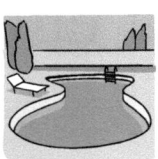

pileta

استخر

cortadora de pasto

ماشین چمن‌زنی

sábana

ملافه

acolchado

روتختی

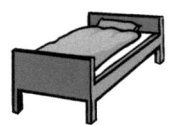

cama

تخت خواب

escoba

جارو

balde

سطل

interruptor

سویچ یا کلید

living
اتاق نشیمن

empapelado
کاغذ دیواری
imagen
عکس
lámpara
لامپ
estante
قفسه
armario
کابینت
televisión
تلویزیون
chimenea
شومینه
flor
گل
almohadón
کوسن
sofá
کاناپه
florero
گلدان
control remoto
کنترل تلویزیون و ویدئو و غیره

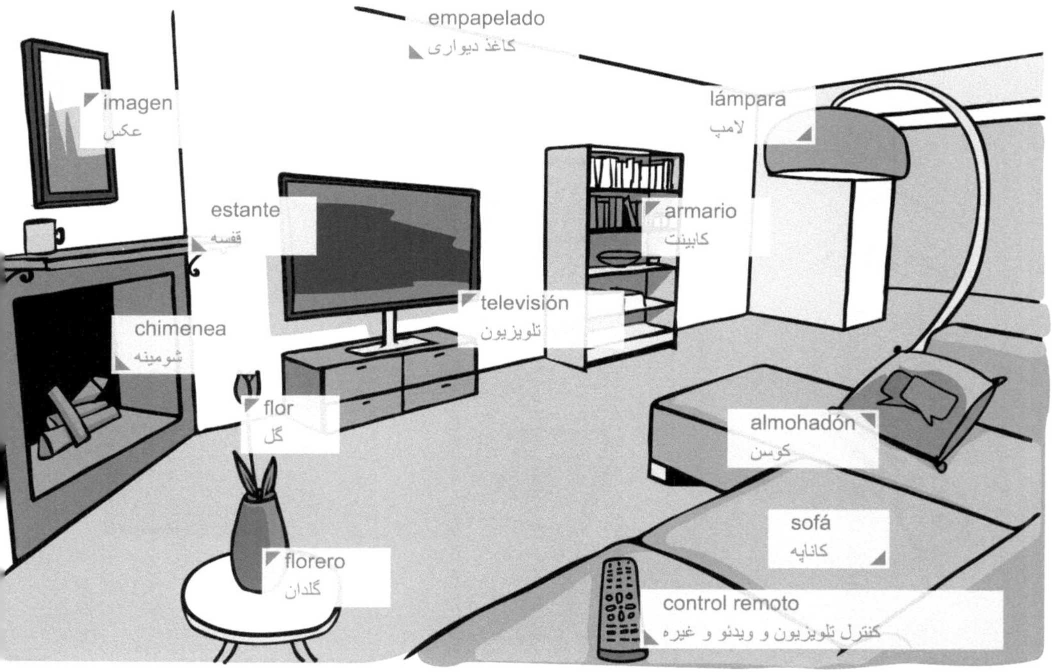

alfombra
فرش

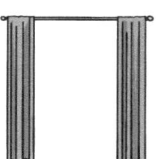

cortina
پرده

mesa
میز

silla
صندلی

mecedora
صندلی گهواره ایی

sillón
صندلی راحتی

libro

كتاب

frazada

لحاف

decoración

دكوراسيون

leña

هيزم

película

فيلم

equipo de música

دستگاه ضبط صوت

llave

كليد

diario

روزنامه

pintura

تابلو نقاشی

póster

پوستر

radio

راديو

cuaderno

دفترچه يادداشت

aspiradora

جاروبرقی

cactus

كاكتوس

vela

شمع

cocina
آشپزخانه

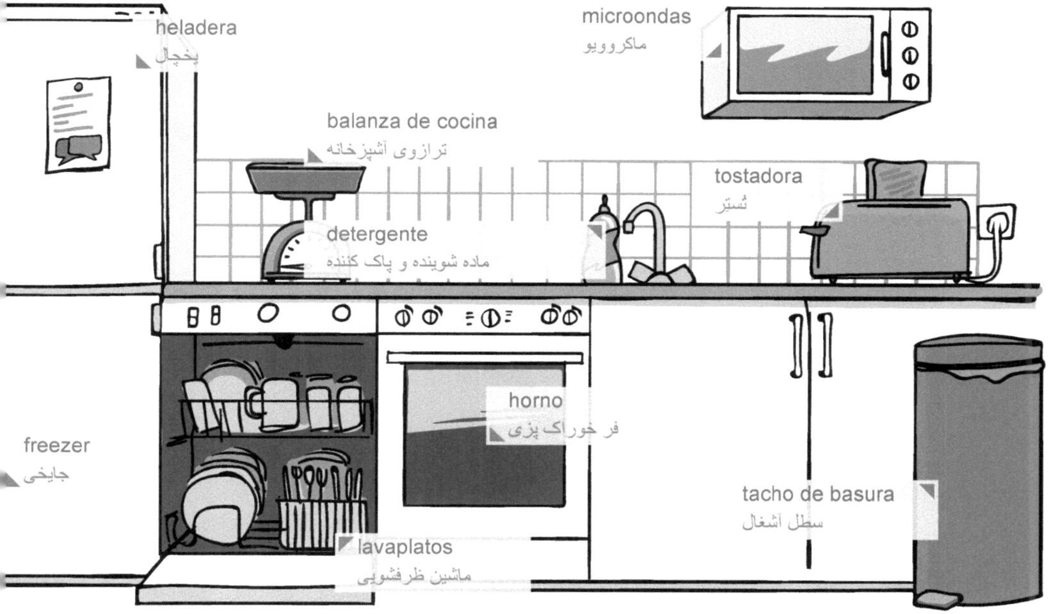
heladera
یخچال
microondas
ماکروویو
balanza de cocina
ترازوی آشپزخانه
tostadora
تُستر
detergente
ماده شوینده و پاک کننده
horno
فر خوراک پزی
freezer
جایخی
tacho de basura
سطل آشغال
lavaplatos
ماشین ظرفشویی

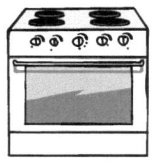

cocina
....
اجاق گاز

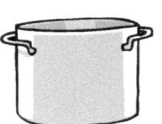

olla
....
قابلمه

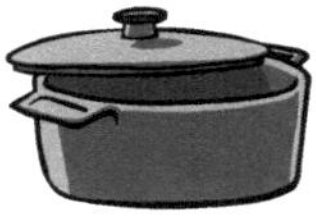

olla de hierro fundido
....
قابلمه چدنی

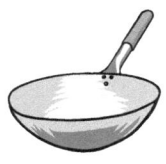

wok
....
ماهی تابه گود

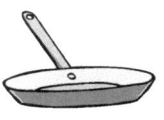

sartén
....
ماهی تابه

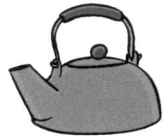

pava
....
کتری

vaporera

بخارپز

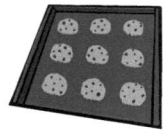

bandeja de horno

سینی فر

vajilla

ظرف چینی آشپزخانه

taza

لیوان

bol

کاسه

palitos

چاپستیک

cucharón

ملاقه

estpátula

کفگیر

batidora

همزن

colador

آبکش

colador

آبکش

rallador

رنده

mortero

هاون

parrilla

باربیکیو

fogata

محل مخصوص افروختن آتش

tabla de picar

تخته گوشت و سبزی

palo de amasar

وردنه

sacacorchos

در بطری بازکن

lata

قوطی

abrelatas

در قوطی بازکن

manopla

دستگیره پارچه ای

pileta

سینک ظرفشویی

cepillo

برس گردگیری

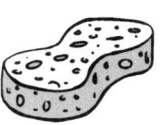

esponja

اسفنج

batidora

مخلوط کن

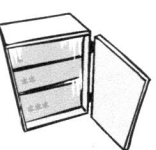

congelador

فریزر

mamadera

شیشه شیر بچه

canilla

شیر آب

baño

حمام

calefacción
بخاری
toalla
حوله
ducha
دوش
cortina de ducha
پرده ی حمام
baño de espuma
حمام کف
bañadera
وان حمام
vaso
لیوان
lavarropas
ماشین لباسشویی
canilla
شیر اب
baldosas
کاشی
pelela
لگن دستشویی کودکان
pileta
سینک ظرفشویی

inodoro

توالت

letrina

توالت ایرانی

bidé

کاسه توالت

mingitorio

توالت مخصوص آقایان

papel higiénico

دستمال توالت

cepillo para el inodoro

فرچه توالت

38 baño - حمام

cepillo de dientes

مسواک

dentífrico

خمیردندان

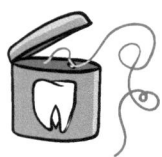

hilo dental

نخ دندان

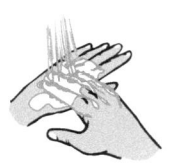

lavar

شستن

ducha de mano

دوش آب تلفنی

ducha higiénica

شلنگ توالت

palangana

لگن روشویی

cepillo para espalda

برس شست و شوی پشت

jabón

صابون

gel de ducha

شامپو بدن

shampoo

شامپو

toallita

لیف حمام

desagüe

راه آب

crema

کرم

desodorante

اسپری دئودورانت

espejo

آیینه

espejito

آیینه ی کوچک دستی

maquinita de afeitar

تیغ ریش تراشی

espuma de afeitar

کف ریش‌تراشی

aftershave

افترشیو

peine

شانه ی سر

cepillo

برس

secador de pelo

سشوار

spray

اسپری مو

maquillaje

آرایش

lápiz de labios

رژلب

esmalte para uñas

لاک ناخن

algodón

پنبه

tijera para uñas

قیچی ناخن

perfume

عطر

portacosméticos

کیف لوازم آرایشی و بهداشتی

banqueta

چهارپایه

balanza

ترازو

bata

حوله ی پالتویی

guantes de goma

دستکش ظرفشویی

tampón

تامپون

toallita femenina

نوار بهداشتی

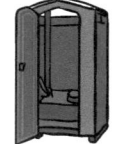

baño químico

توالت سیار

cuarto de los chicos

اتاق بچه

despertador
ساعت زنگدار
peluche
نوعی عروسک نرم به شکل حیوانات
coche de juguete
ماشین اسباب بازی
sonajero
جغجغه
casa de muñecas
خانه ی عروسکی
regalo
کادو

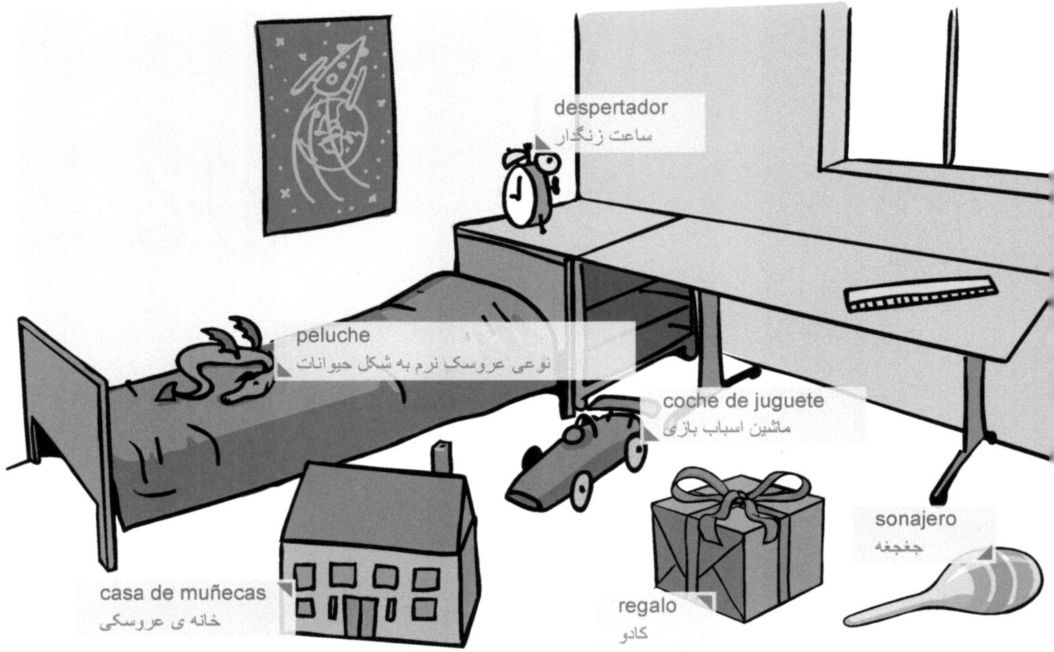

globo

بادکنک

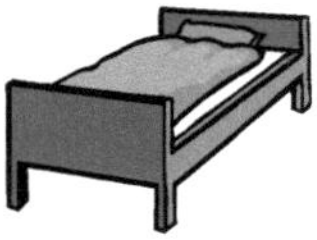

cama

تخت خواب

cochecito

کالسکه بچه

cartas

بازی ورق

rompecabezas

پازل

historieta

داستان مصور

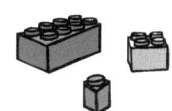

piezas de lego

اسباب بازی لگو

ladrillos de juguete

خانه سازی

figura de acción

عروسک شخصیت های فیلم و کارتون

enterito (de bebé)

لباس نوزاد

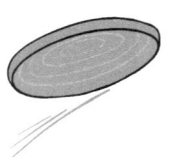

frisbee

فریزبی

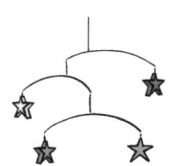

móvil para bebés

نوعی اسباب بازی که روی تخت نوزاد
یا کودک نصب می شود

juego de mesa

بازی روی صفحه

dados

تاس

tren eléctrico

قطار اسباب بازی

chupete

پستانک

fiesta

مهمانی

libro de cuentos ilustrado

کتاب مصور

pelota

توپ

muñeca

عروسک

jugar

بازی کردن

arenero

جعبه شنی مخصوص بازی کودکان

hamaca

تاب

juguetes

اسباب بازی

consola de videojuegos

کنسول بازی های کامپیوتری

triciclo

سه چرخه

osito de peluche

خرس عروسکی

armario

کمد لباس

ropa

لباس

medias

جوراب

medias panty

جوراب زنانه ساق بلند

calzas

جوراب شلواری

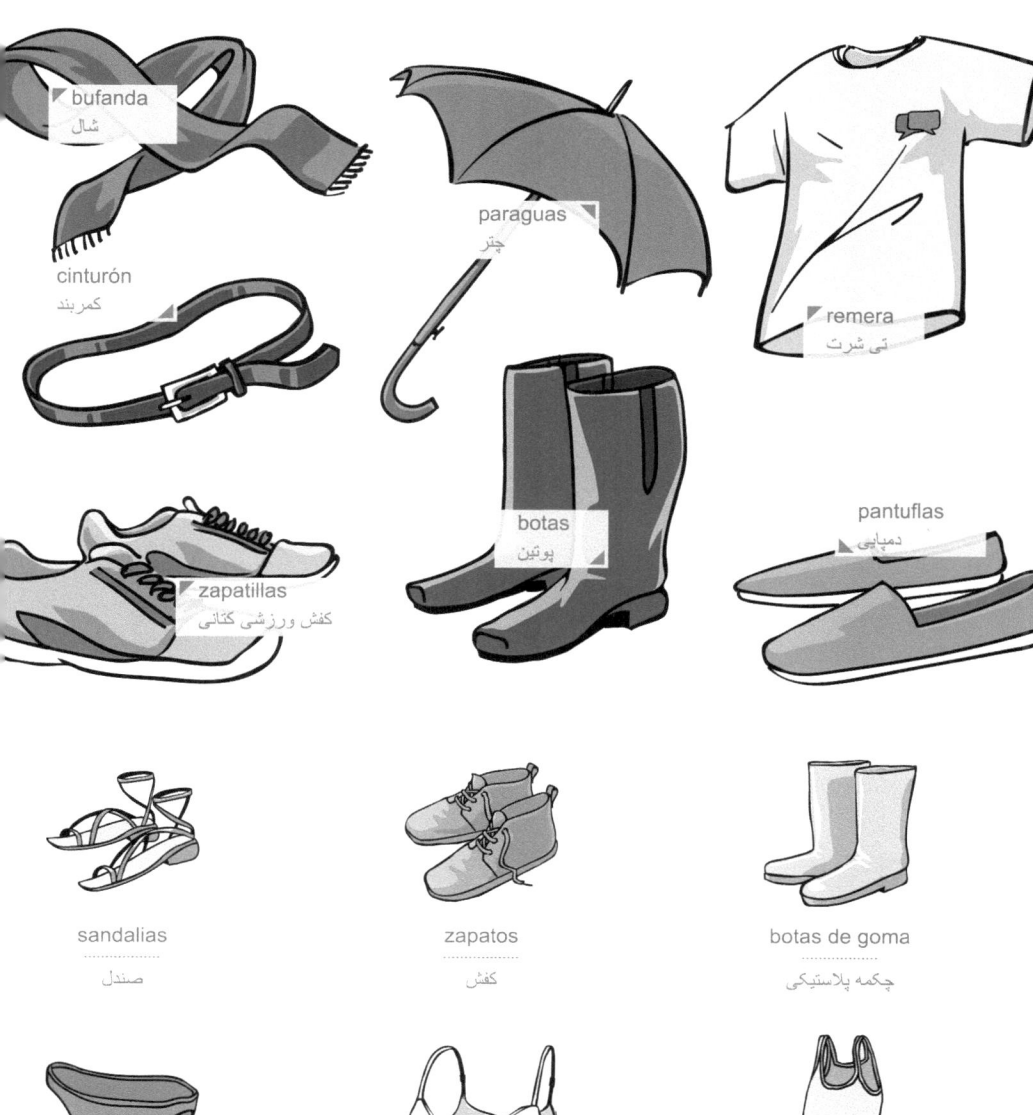

bufanda
شال

paraguas
چتر

cinturón
کمربند

remera
تی شرت

zapatillas
کفش ورزشی کتانی

botas
پوتین

pantuflas
دمپایی

sandalias

صندل

zapatos

کفش

botas de goma

چکمه پلاستیکی

ropa interior

شرت

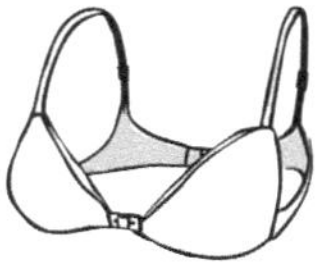

corpiño

سوتین

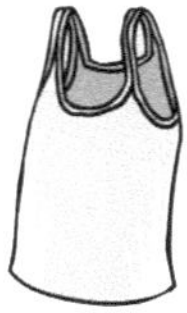

chaleco

جلیقه

body

بادی

pantalones

شلوار

jeans

جین

pollera

دامن

blusa

بلوز

camisa

پیراهن

pulóver

پولیور

buzo

سویی شرت

blazer

نوعی کت

campera

ژاکت

tapado

کت بلند

piloto

بارانی

traje

لباس نمایش

vestido

لباس

vestido de novia

لباس عروس

traje

کت و شلوار

camisón

لباس خواب زنانه

pijama

پیژامه

sari

ساری

pañuelo para cabeza

روسری

turbante

عمامه

burka

برقع

caftán

قبا

abaya

عبا

traje de baño

لباس شنا

short de baño

شرت شنا

shorts

شلوارک

jogging

لباس ورزشی

delantal

پیشبند

guantes

دستکش

botón

دکمه

anteojos

عینک

pulsera

دستبند

collar

گردنبند

anillo

انگشتر

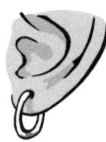

aro

گوشواره

gorra

کلاه لبه دار

percha

چوب لباسی

sombrero

کلاه

corbata

کراوات

cierre

زیپ

casco

کلاه ایمنی

tiradores

بند شلوار

uniforme escolar

لباس مدرسه

uniforme

لباس فرم

babero

پیش بند بچه

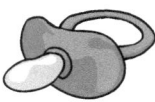

chupete

پستانک

pañal

پوشک بچه

oficina

اداره

servidor
سرور
archivero
کمد نگهداری پرونده
impresora
چاپگر
papel
کاغذ
monitor
مانیتور
escritorio
میز تحریر
mouse
ماوس
carpeta
زونکن
teclado
صفحه کلید
tacho (de basura)
سبد کاغذ باطله
silla
صندلی
computadora
کامپیوتر

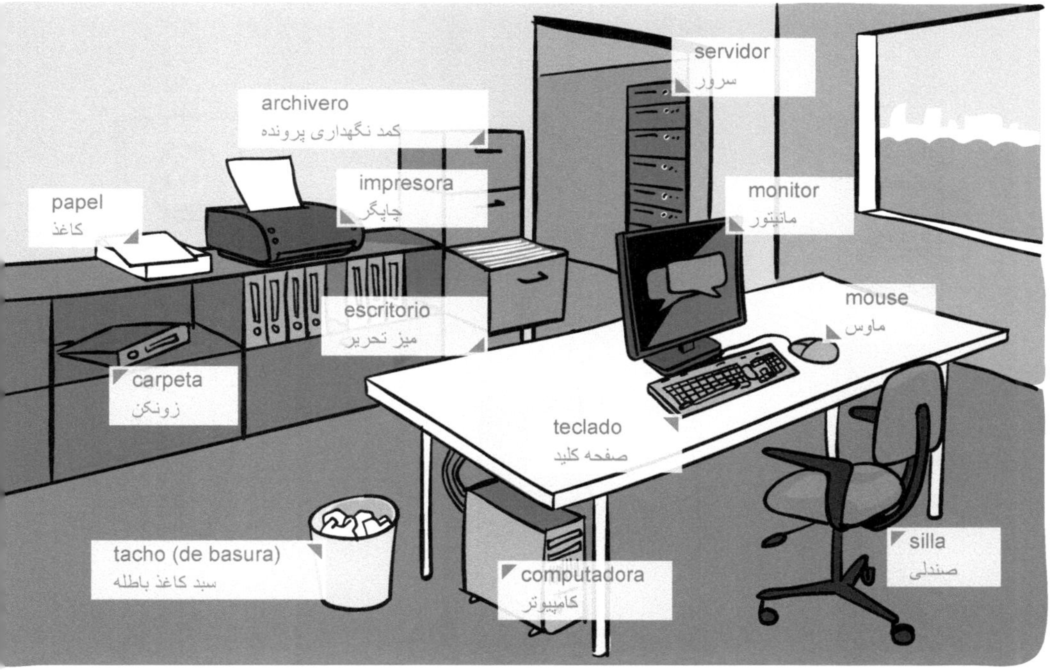

taza de café

لیوان قهوه

calculadora

ماشین حساب

internet

اینترنت

laptop

لپ تاپ

carta

نامه

mensaje

پیغام

celular

تلفن همراه

red

شبکه ی ارتباطی

fotocopiadora

دستگاه فتوکپی

software

نرم افزار

teléfono

تلفن

tomacorriente

پریز

fax

دستگاه فاکس

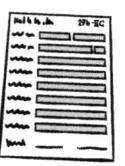

formulario

فرم

documento

مدرک

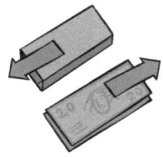

economía
اقتصاد

comprar

خریدن

pagar

پرداخت کردن

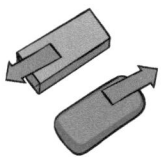

hacer negocios

تجارت کردن

dinero

پول

dólar

دلار

euro

یورو

yen

ین

rublo

روبل

franco suizo

فرانک سوئیس

yuan

یوان رنمینبی

rupia

روپیه

cajero automático

دستگاه خودپرداز

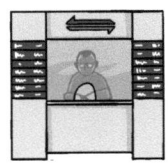

casa de cambio

صرافی

oro

طلا

plata

نقره

petróleo

نفت

energía

انرژی

precio

قیمت

contrato

قرارداد

impuesto

مالیات

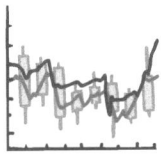

acción

سهام سرمایه

trabajar

کار کردن

empleado

کارمند

empleador

کارفرما

fábrica

کارخانه

negocio

مغازه

ocupaciones
مشاغل

bombero
آتش نشان
policía
مامور پلیس
cocinero
آشپز
médico
دکتر
piloto
خلبان

jardinero

باغبان

carpintero

نجار

modista

خیاط زنانه

juez

قاضی

farmacéutico

شیمیدان

actor

بازیگر

colectivero

راننده اتوبوس

taxista

راننده تاکسی

pescador

ماهیگیر

mucama

نظافتچی زن

techista

سقف ساز

mozo

پیشخدمت رستوران

cazador

شکارچی

pintor

نقاش

panadero

نانوا

electricista

برقکار

albañil

کارگر ساختمانی

ingeniero

مهندس

carnicero

قصاب

plomero

لوله کش

cartero

پستچی

soldado

سرباز

arquitecto

معمار

cajero

صندوقدار

florista

گل فروش

peluquero

آرایشگر

cobrador

مامور کنترل بلیط در قطار

mecánico

مکانیک

capitán

ناخدا

dentista

دندانپزشک

científico

دانشمند

rabino

عالم یهودی

imán

امام

monje

راهب

sacerdote

کشیش

herramientas
ابزارآلات

tenaza
انبردست
martillo
چکش
destornillador
پیچ گوشتی
llave
آچار
linterna
چراغ قوه

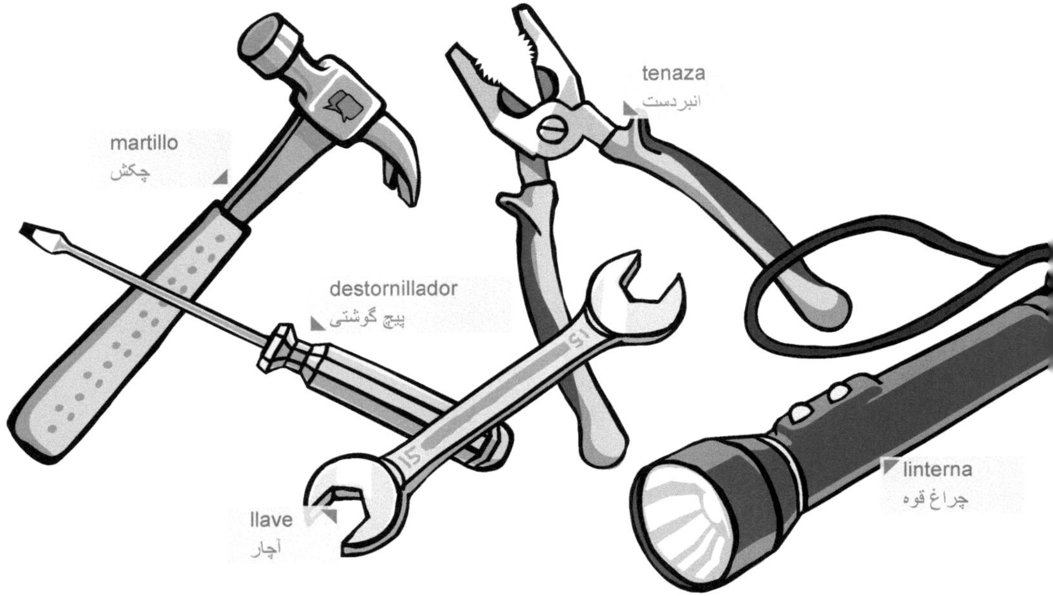

excavadora

بیل مکانیکی

caja de herramientas

جعبه ابزار

escalera portátil

نردبان

sierra

ارّه

clavos

میخ

taladro

مته

arreglar

تعمیر کردن

pala de jardín

بیل

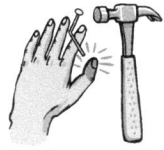

¡Qué bronca!

لعنتی!

pala de plástico

خاک انداز

tacho de pintura

سطل رنگرزی

tornillos

پیچ

instrumentos musicales

آلات موسیقی

parlante
بلندگو
batería
درامز
guitarra
گیتار
contrabajo
کنترباس
trompeta
ترومپت

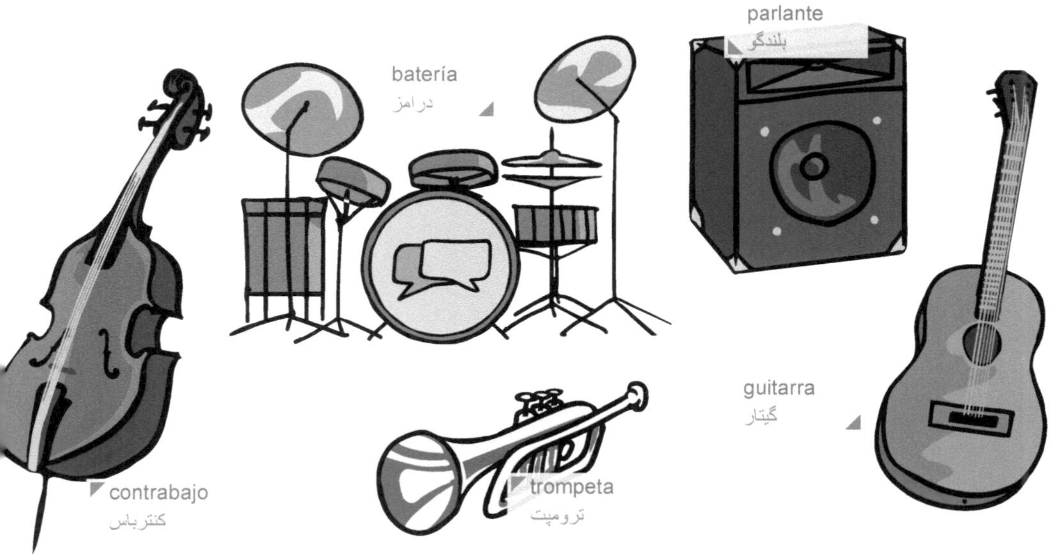

piano

پیانو

violín

ویولن

bajo

گیتار بیس

timbales

تیمپانی

tambor

طبل

teclado

کیبورد الکتریک

saxofón

ساکسیفون

flauta

فلوت

micrófono

میکروفون

zoológico
باغ وحش

entrada
ورودی
tigre
ببر
jaula
قفس
cebra
گورخر
alimento para animales
خوراک حیوانات
oso panda
خرس پاندا

animales
حیوانات

elefante
فیل

canguro
کانگورو

rinoceronte
کرگدن

gorila
گوریل

oso
خرس

camello
....
شتر

avestruz
....
شترمرغ

león
....
شیر

mono
....
میمون

flamenco
....
فلامینگو

loro
....
طوطی

oso polar
....
خرس قطبی

pingüino
....
پنگوئن

tiburón
....
کوسه

pavo real
....
طاووس

serpiente
....
مار

cocodrilo
....
تمساح

cuidador del zoológico
....
نگهبان باغ وحش

foca
....
خوک آبی

jaguar
....
پلنگ امریکایی

poni

اسب کوچک

leopardo

پلنگ

hipopótamo

اسب آبی

jirafa

زرافه

águila

عقاب

jabalí

گراز

pescado

ماهی

tortuga

لاک پشت

morsa

شیرماهی

zorro

روباه

gacela

غزال

deportes
ورزش ها

fútbol americano
فوتبال آمریکایی
ciclismo
دوچرخه سواری
tenis
تنیس
básquet
بسکتبال
natación
شنا
boxeo
بوکس
hockey sobre hielo
هاکی روی یخ

fútbol

فوتبال

bádminton

بدمینتون

atletismo

دوومیدانی

handball

هندبال

esquí

اسکی

polo

پولو

actividades

فعالیت ها

reír
خندیدن
saltar
پریدن
abrazar
بغل کردن
caminar
راه رفتن
cantar
آواز خواندن
soñar
رؤیا دیدن
rezar
دعا کردن
besar
بوسیدن

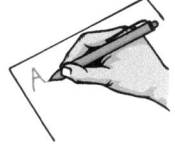

escribir
نوشتن

dibujar
رسم کردن

mostrar
نشان دادن

presionar
هل دادن

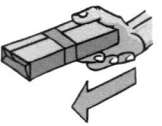

dar
دادن

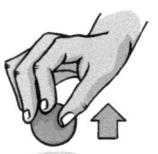

tomar
برداشتن

tener

داشتن

hacer

انجام دادن

ser

بودن

estar parado

ایستادن

correr

دویدن

tirar

کشیدن

tirar

پرتاب کردن

caer

افتادن

estar acostado

دراز کشیدن

esperar

منتظر بودن

llevar

حمل کردن

estar sentado

نشستن

vestirse

لباس پوشیدن

dormir

خوابیدن

despertar

بیدار شدن

mirar

تماشا کردن

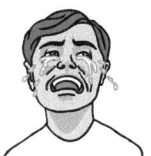

llorar

گریه کردن

acariciar

نوازش کردن

peinar

شانه کردن

hablar

حرف زدن

entender

فهمیدن

preguntar

پرسیدن

escuchar

شنیدن

beber

آشامیدن

comer

خوردن

ordenar

مرتب کردن

amar

عاشق بودن

cocinar

پختن

manejar

رانندگی کردن

volar

پرواز کردن

navegar

قایقرانی کردن

calcular

محاسبه کردن

leer

خواندن

aprender

یاد گرفتن

trabajar

کار کردن

casarse

ازدواج کردن

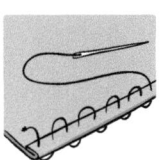

coser

دوختن

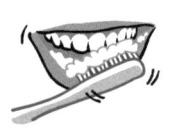

cepillarse los dientes

مسواک زدن

matar

کشتن

fumar

سیگار کشیدن

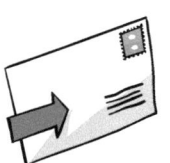

enviar

فرستادن

abuela
مادربزرگ

abuelo
پدربزرگ

padre
پدر

madre
مادر

bebé
کودک

hija
فرزند دختر

hijo
فرزند پسر

invitado
مهمان

tía
خاله، عمه

tío
دایی، عمو

hermano
برادر

hermana
خواهر

cuerpo
بدن

frente
پیشانی
ojo
چشم
cara
صورت
pera
چانه
dedo
انگشت دست
mano
دست
hombro
شانه
pierna
ساق پا
pecho
سینه
brazo
بازو

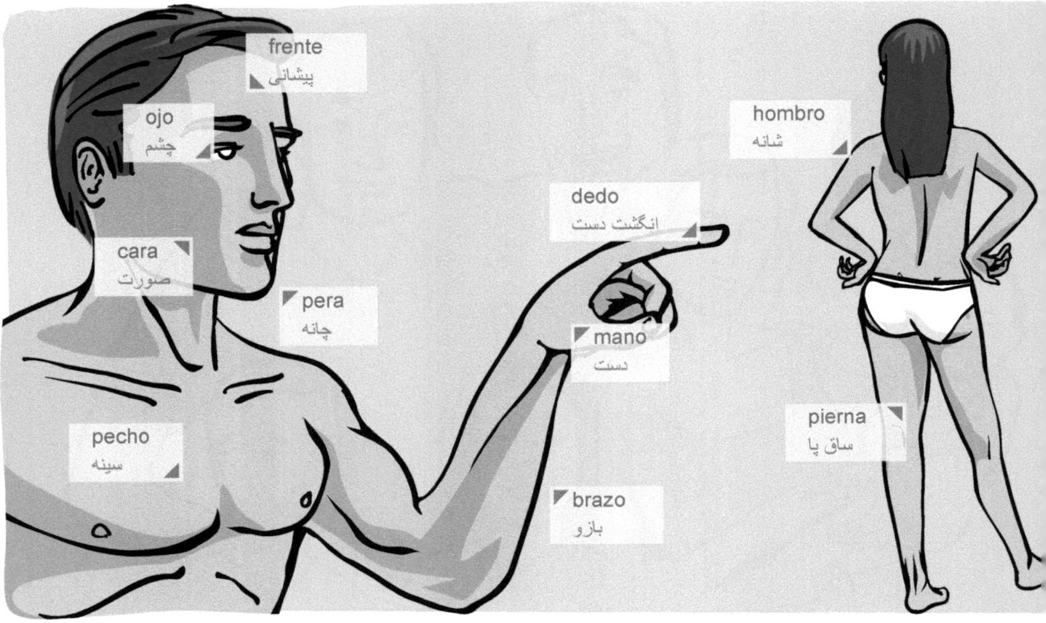

bebé

کودک

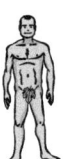

hombre

مرد

mujer

زن

nena

دختربچه

nene

پسربچه

cabeza

کله

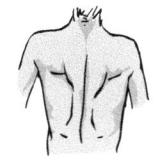

espalda

کمر

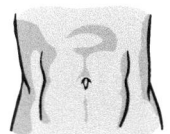

panza

شکم

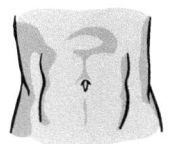

ombligo

ناف

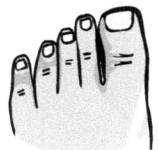

dedo del pie

انگشت پا

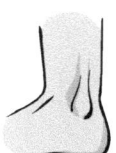

talón

پاشنه

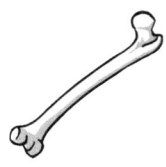

hueso

استخوان

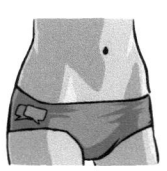

cadera

لگن

rodilla

زانو

codo

آرنج

nariz

بینی

cola

نشیمنگاه

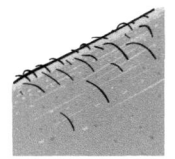

piel

پوست

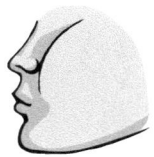

cachete

گونه

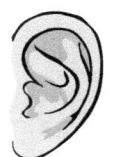

oreja

گوش

labio

لب

boca

دهان

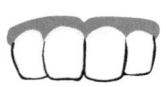

diente

دندان

lengua

زبان

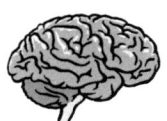

cerebro

مغز

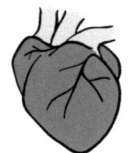

corazón

قلب

músculo

عضله

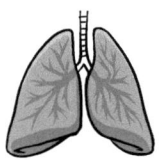

pulmón

ریه

hígado

کبد

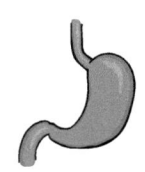

estómago

معده

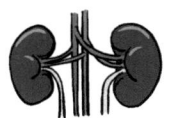

riñones

کلیه

sexo

آمیزش جنسی

preservativo

کاندوم

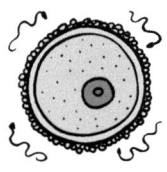

óvulo

تخمک

semen

اسپرم

embarazo

حاملگی

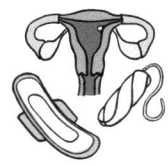

menstruación

پريود

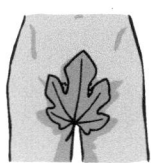

vagina

واژن

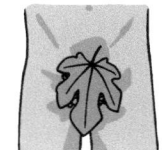

pene

آلت تناسلی مرد

ceja

ابرو

pelo

مو

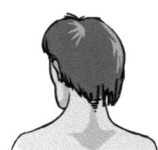

cuello

گردن

hospital

بیمارستان

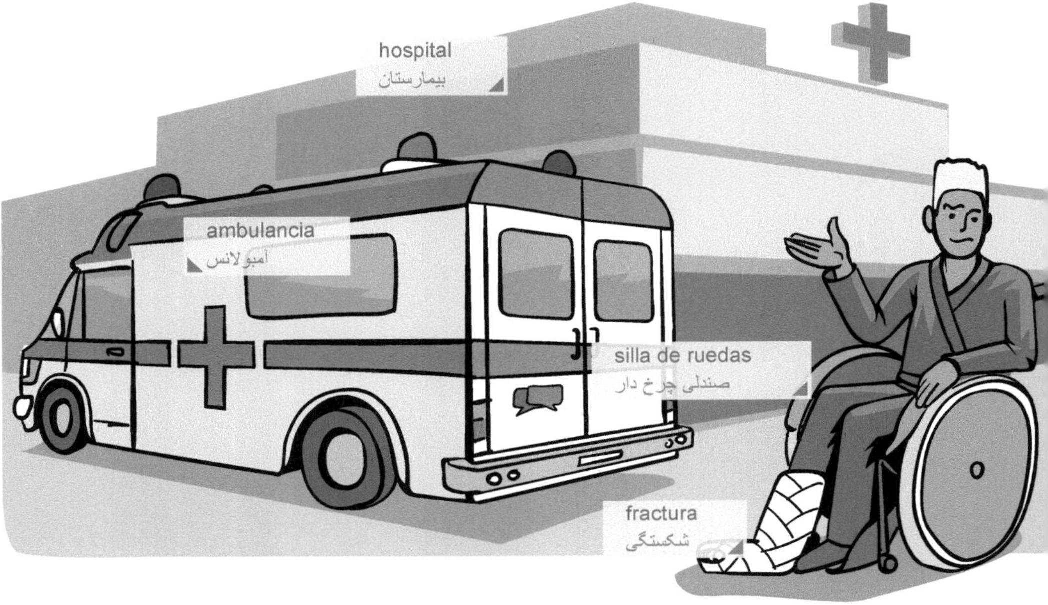

hospital
بیمارستان
ambulancia
آمبولانس
silla de ruedas
صندلی چرخ دار
fractura
شکستگی

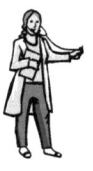

médico

دکتر

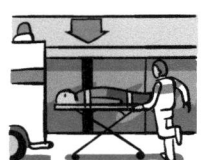

sala de guardia

بخش اورژانس

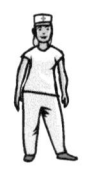

enfermera

پرستار

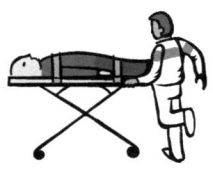

emergencia

موقعیت اضطراری

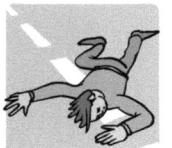

inconsciente

بی هوش

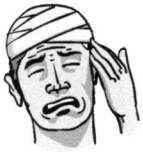

dolor

درد

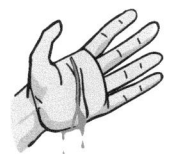

lesión

مصدومیت

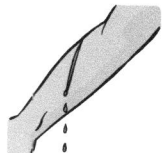

hemorragia

خونریزی

infarto

سکته قلبی

ACV

سکته مغزی

alergia

آلرژی

tos

سرفه

fiebre

تب

gripe

آنفولانزا

diarrea

اسهال

dolor de cabeza

سردرد

cáncer

سرطان

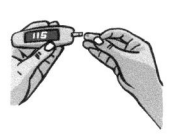

diabetes

دیابت

cirujano

جراح

bisturí

چاقوی جراحی

operación

عمل جراحی

TC

سی تی اسکن

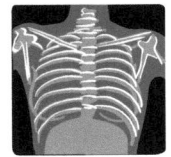

rayos x

پرتونگاری

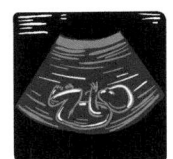

ecografía

سونوگرافی

barbijo

ماسک صورت

enfermedad

بیماری

sala de espera

اتاق انتظار

muleta

چوب زیر بغل

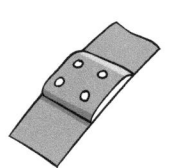

curita

چسب زخم

venda

پانسمان

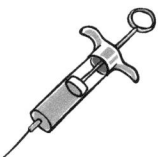

inyección

تزریق

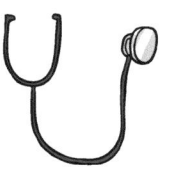

estetoscopio

گوشی طبی

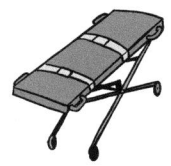

camilla

برانکار

termómetro

دماسنج

nacimiento

زایش

sobrepeso

اضافه وزن

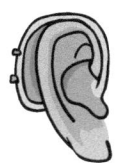

audífono

سمعک

desinfectante

ماده ضد غفونی کننده

infección

عفونت

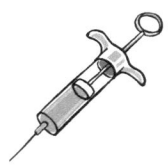

virus

ویروس

VIH / SIDA

اچ آی وی / ایدز

remedio

دارو

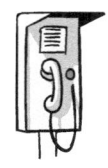

vacunación

واکسیناسیون

comprimidos

قرص

pastilla anticonceptiva

قرص ضد حاملگی

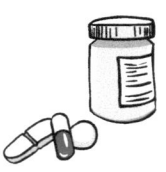

llamada de emergencia

تماس اظطراری

tensiómetro

دستگاه اندازه گیری فشارخون

enfermo / sano

مریض / سالم

emergencia

موقعیت اضطراری

¡Ayuda!

کمک!

alarma

آژیر خطر

agresión

حمله

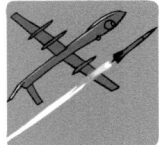

ataque

حمله ی فیزیکی

peligro

خطر

salida de emergencia

خروج اظطراری

¡Fuego!

آتش

matafuego

کپسول آتش‌نشانی

accidente

تصادف

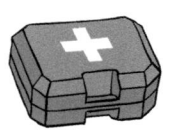

botiquín de primeros auxilios

جعبه کمک های اولیه

SOS

درخواست کمک

policía

پلیس

Europa

اروپا

América del Norte

امریکای شمالی

América del Sur

امریکای جنوبی

África

افریقا

Asia

آسیا

Australia

استرالیا

Atlántico

اقیانوس اطلس

Pacífico

اقیانوس آرام

Océano Índico

اقیانوس هند

Océano Antártico

اقیانوس اطلس جنوبی

Océano Ártico

اقیانوس منجمد شمالی

polo norte

قطب شمال

polo sur

قطب جنوب

Antártida

قاره قطب جنوب

Tierra

کره زمین

tierra

سرزمین

mar

دریا

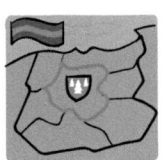

isla

جزیره

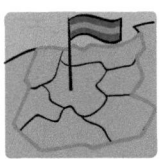

nación

ملت

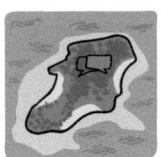

estado

کشور

reloj
ساعت

esfera

صفحه ی ساعت

manecilla de las horas

ساعت شمار

minutero

دقیقه شمار

segundero

ثانیه شمار

¿Qué hora es?

ساعت چند است؟

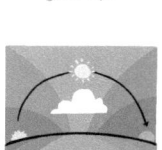

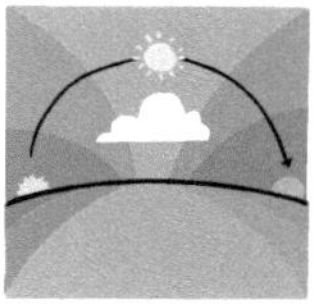

día

روز

hora

زمان

ahora

اکنون

reloj digital

ساعت دیجیتال

minuto

دقیقه

hora

ساعت

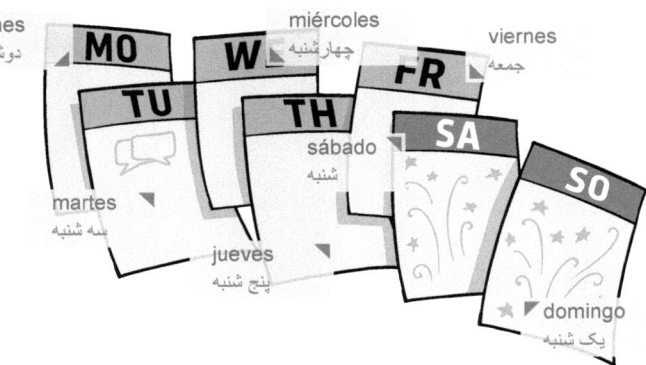

semana

هفته

lunes
دوشنبه
martes
سه شنبه
miércoles
چهارشنبه
jueves
پنج شنبه
viernes
جمعه
sábado
شنبه
SA
domingo
یک شنبه

ayer

دیروز

hoy

امروز

mañana

فردا

mañana

صبح

mediodía

ظهر

tarde

غروب

días hábiles

روزهای کاری

fin de semana

آخر هفته

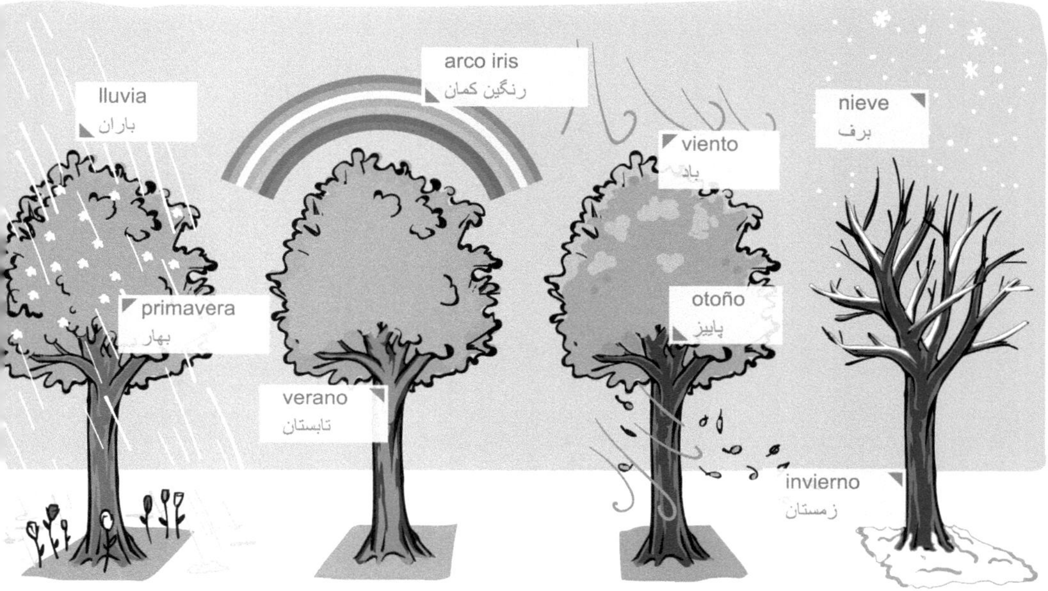

año

arco iris
رنگین کمان
lluvia
باران
nieve
برف
viento
باد
primavera
بهار
otoño
پاییز
verano
تابستان
invierno
زمستان

ronóstico meteorológico
پیش‌بینی اوضاع جوی

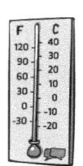

termómetro
دماسنج

luz del sol
تابش آفتاب

nube
ابر

niebla
مه

humedad
رطوبت هوا

rayo

صاعقه

trueno

آسمان غره

tormenta

طوفان

granizo

تگرگ

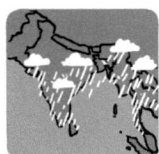

monzón

باد موسمی

inundación

سیل

hielo

یخ

enero

ژانویه

febrero

فوریه

marzo

مارس

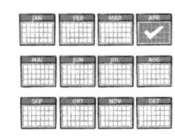

abril

آوریل

mayo

مه

junio

ژوئن

julio

ژوئیه

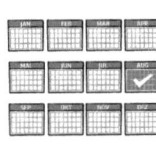

agosto

آگوست

septiembre

سپتامبر

octubre

اکتبر

noviembre

نوامبر

diciembre

دسامبر

formas

آشکال

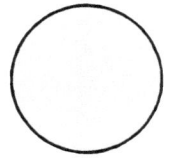

círculo

دایره

cuadrado

مربع

rectángulo

مستطیل

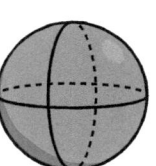

triángulo

سه گوش

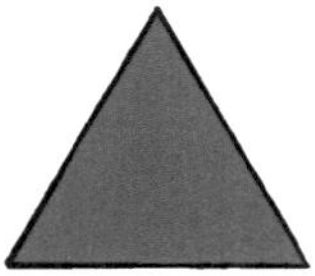

esfera

گره

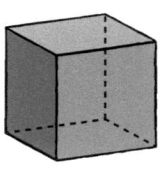

cubo

مکعب مربع

colores

رنگ ها

blanco

سفید

amarillo

زرد

naranja

نارنجی

rosa

صورتی

rojo

قرمز

violeta

بنفش

azul

آبی

verde

سبز

marrón

قهوه ای

gris

خاکستری

negro

سیاه

mucho / poco

خیلی / کم

enojado / tranquilo

خشمگین / آرام

lindo / feo

زیبا / زشت

principio / fin

شروع / پایان

grande / chico

بزرگ / کوچک

claro / oscuro

روشن / تیره

hermano / hermana

برادر / خواهر

limpio / sucio

تمیز / آلوده

completo / incompleto

کامل / ناقص

día / noche

روز / شب

muerto / vivo

مرده / زنده

ancho / angosto

پهن / باریک

comestible / no comestible

قابل خوردن / غیر قابل خوردن

malo / amable

غضبناک / مهربان

entusiasmado / aburrido

هیجان زده / بی حوصله

gordo / flaco

چاق / لاغر

primero / último

اولین / آخرین

amigo / enemigo

دوست / دشمن

lleno / vacío

پر / خالی

duro / blando

سفت / نرم

pesado / liviano

سنگین / سبک

hambre / sed

گرسنگی / تشنگی

enfermo / sano

مریض / سالم

ilegal / legal

غیرقانونی / قانونی

inteligente / estúpido

باهوش / خنگ

izquierda / derecha

چپ / راست

cerca / lejos

نزدیک / دور

nuevo / usado

نو / استفاده شده

nada / algo

هیچ چیز / چیزی

viejo / joven

پیر / جوان

encendido / apagado

روشن / خاموش

abierto / cerrado

باز / بسته

silencioso / ruidoso

آهسته / بلند

rico / pobre

ثروتمند / فقیر

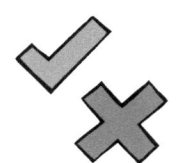

correcto / incorrecto

درست / غلط

áspero / suave

زبر / صاف

triste / contento

غمگین / خوشحال

corto / largo

کوتاه / بلند

lento / rápido

کند / تند

mojado / seco

تر / خشک

caliente / frío

گرم / خنک

guerra / paz

جنگ / صلح

0

cero

صفر

1

uno

یک

2

dos

دو

3

tres

سه

4

cuatro

چهار

5

cinco

پنج

6

seis

شش

7

siete

هفت

8

ocho

هشت

9

nueve

نه

10

diez

دَه

11

once

یازده

12

doce

دوازده

13

trece

سیزده

14

catorce

چهارده

15

quince

پانزده

16

dieciséis

شانزده

17

diecisiete

هفده

18

dieciocho

هجده

19

diecinueve

نوزده

20

veinte

بیست

100

cien

صد

1.000

mil

هزار

1.000.000

millón

میلیون

idiomas

زبان ها

inglés

انگلیسی

inglés americano

انگلیسی آمریکایی

chino mandarín

چینی ماندارین

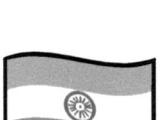

hindi

هندی

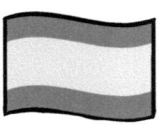

español

اسپانیایی

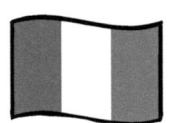

francés

فرانسوی

árabe

عربی

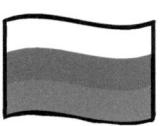

ruso

روسی

portugués

پرتغالی

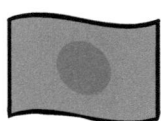

bengalí

بنگالی

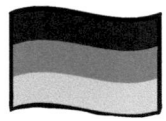

alemán

آلمانی

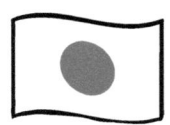

japonés

ژاپنی

quién / qué / cómo
چه کسی / چه چیزی / چگونه

yo

من

vos

تو

él / ella

او

nosotros

ما

ustedes

شما

ellos

آنها

¿quién?

چه کسی؟ کی؟

¿qué?

چی؟

¿cómo?

چگونه؟

¿dónde?

کجا؟

¿cuándo?

کی؟

nombre

نام

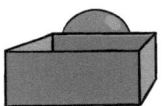

dóndeحای

کجا

detrás

پشت

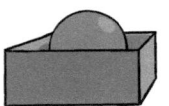

en

توی

adelante de

جلو

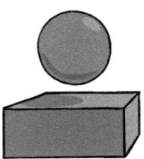

por encima de

بالای

sobre

روی

debajo de

زیر

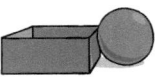

al lado de

مجاور

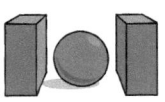

entre

بین

lugar

مکان